CONSIDÉRATIONS

SUR

L'ÉRECTION D'UN ÉVÊCHÉ

A LILLE

CONSIDÉRATIONS

SUR

L'ÉRECTION D'UN ÉVÊCHÉ

A LILLE

Par A. DE PRAT

> « Episcopos per singulas civitates quibus
> » Petrus magister meus non miserat, pruden-
> » tes et simplices nobis mittere præcepit...
> » In singulis civitatibus singulos... nec in vil-
> » lis, nec castellis, vel modicis civitatibus. »
>
> EPIST. B. CLEMENTIS PAPÆ.

LILLE

J. LEFORT, IMPRIMEUR ÉDITEUR

RUE CHARLES DE MUYSSART

M D CCC LXVIII

Cet opuscule a été imprimé pour la première fois en 1856, à la suite du remarquable concours d'architecture qui eut lieu pour la construction de l'église monumentale de Notre-Dame de la Treille et Saint-Pierre. La pensée des fidèles, dont la foi et la piété se manifestaient déjà par de généreuses offrandes, n'était pas seulement d'élever un sanctuaire splendide à la Patronne de la cité, mais aussi de poser les fondements d'un vaste monument qui pût servir de cathédrale. Les architectes qui concoururent le comprirent ainsi, et l'exécution répond à ce dessein.

Il parut utile alors de retracer l'historique de la question de l'érection d'un évêché à Lille, et de développer les raisons qui pouvaient, dans un avenir encore éloigné, faire espérer une solution favorable. Depuis douze ans de grands changements se sont opérés à Lille et dans les villes environnantes; mais tous les arguments produits précédemment subsistent, et, d'année en année, acquièrent même une plus grande force, au point que pour beaucoup d'esprits sérieux cette question est, pour le Nord de la France, une des plus graves qui doivent appeler l'attention des pouvoirs compétents. C'est pour constater ces modifications et montrer combien sont légitimes les vœux formés de toutes parts pour l'érection d'un évêché, qu'a été faite cette réimpression.

CONSIDÉRATIONS

SUR

L'ÉRECTION D'UN ÉVÊCHÉ

A LILLE

I

Le 28 novembre 1855, Monseigneur Wicart, premier évêque de Laval, prenant possession de son siége, disait aux fidèles accourus de tous les points du nouveau diocèse : « Vous ne l'ignorez pas, d'autres
» cités que Laval, d'autres régions que celle-ci ont
» des désirs, des intérêts, presque des droits sem-
» blables aux vôtres à faire valoir. Ailleurs cependant,
» les vœux et les intérêts en sont à de vagues espé-
» rances, tandis que vous entrez aujourd'hui en
» possession. »

En tenant ce langage dans une circonstance solennelle, Monseigneur Wicart, enfant du Nord et longtemps curé de Sainte-Catherine à Lille, avait sans doute en vue notre pays, dont il connaît tous les besoins et pour lequel il a conservé une vive affection.

Chacun sait qu'aux premiers siècles de notre histoire un nombre considérable de villes en France ont dû leur accroissement à l'action bienfaisante des évêques dans leur sein. Depuis longtemps les causes de développement et de prospérité ont changé; cependant la création d'un évêché n'en reste pas moins pour tout un pays un fait d'une très-grande importance par ses résultats même immédiats.

Après l'évêque de Laval, il nous est permis de dire que nous avons, sur cette question, des désirs, des intérêts, presque des droits à faire valoir. Nous voulons en faire l'exposé, montrer que ces droits sont anciens et ont déjà été reconnus, donner les raisons sur lesquelles ils ont été fondés, et répondre aux objections que l'on pourrait élever sur ce point.

Le souverain Pontife disait lui-même, dès le mois d'octobre 1855, à un ecclésiastique du Nord, qu'il y avait lieu d'espérer la création d'un évêché à Lille, et que l'Empereur des Français était bien disposé en faveur de ce projet. Depuis lors Pie IX a tenu le même langage en différentes circonstances. Comment ne serions-nous pas pleins de confiance dans des paroles aussi explicites et tombées de si haut?

II

Il serait superflu d'exposer ici les règles du droit canonique sur l'érection des évêchés ; qu'il nous suffise de connaître la pensée de l'Eglise sur ce point : elle se trouve parfaitement formulée dans une lettre du pape Urbain II à Lambert, ancien chanoine de Saint-Pierre de Lille, nommé évêque d'Arras.

« Il a paru juste à l'Esprit-Saint, dit-il, et au
» Siége apostolique de rétablir un pontife particulier
» à la tête de l'Eglise d'Arras. Le vénérable concile
» de Sardique a statué que l'on n'ordonnerait point
» un nouvel évêque ailleurs que dans les villes qui
» possédèrent des pontifes, *ou dans celles qui sont*
» *devenues tellement populeuses qu'elles ont*
» *acquis le droit d'en avoir.* De même, dans le
» second concile d'Afrique, on décida que le diocèse
» qui autrefois avait eu un évêque, en aurait un
» nouveau, et que si, par la suite des temps, la foi
» s'étant accrue, *la population d'un pays, deve-*
» *nue considérable, manifestait le désir d'avoir*
» *un guide spécial, un évêque lui serait donné*
» avec le consentement du pontife sous l'autorité

» duquel était le territoire du nouveau diocèse ¹. »

Cette lettre trouve, après huit siècles, une nouvelle application dans le même pays.

On lit également dans une bulle d'Innocent XII, relative à l'érection de l'évêché de Blois au XVIIe siècle :

« Considérant que le diocèse de Chartres est d'une
» très-grande étendue tant en longueur qu'en largeur,
» que le pays de Blois est *couvert d'une population*
» *considérable, et que la ville de Chartres en est*
» *tellement éloignée* qu'un seul pasteur est dans l'im-
» possibilité de donner à un si grand nombre d'ouailles
» tous les soins qu'elles réclament... Nous avons jugé
» que le remède le plus convenable était de séparer
» du diocèse de Chartres, le pays de Blois, celui de
» Vendôme, et la partie du pays de Châteaudun qui
» se trouve rapprochée de ces deux contrées, et
» d'ériger la ville de Blois en siége épiscopal ². »

¹ Dignum igitur Spiritui Sancto et auctoritati apostolicæ visum est ut Atrebatensi Ecclesiæ cardinalis restitueretur antistes. Sanctum enim Sardicense concilium statuit non passim episcopum ordinari, nisi, aut in civitatibus quæ episcopos habuerunt, aut quæ tam populosæ sunt ut habere mereantur episcopum. In secundo quoque concilio Africano decernitur, ut illa diœcesis quæ aliquando habuit episcopum, habeat proprium. Et si, accedente tempore, crescente fide Dei, populus multiplicatus desideraverit habere proprium rectorem, ejus videlicet voluntate in cujus potestate est diœcesis constituta, habeat proprium episcopum. (*Urbani II Epist.* CVI, *apud Mansi concil. T.* XX, *p.* 668.)

² Considerantes diœcesim Carnotensem tam in longitudine quam in latitudine amplissimam, regionemque Blesensem populorum et incolarum copiâ valde refertam, et civitate Carnotensi esse adeo remotam ut unicus pastor tantam animarum multitudinem eâ quâ par est diligentiâ minime regere possit.... aptissimumque remedium duximus regionem Blesensem et Vindocinensem, ac partem seu certam portionem regionis Dunensis, duabus regionibus præfatis contiguam, à diœcesi Carnotensi separare et dismembrare, oppidumque Blesense.... in cathedralem, ibique sedem episcopalem erigere. (*Bulla Innoc. XII*, 1 *julii* 1697.)

En ce qui touche la ville de Lille, la question que nous étudions n'est pas nouvelle. Elle a été soulevée à plusieurs reprises, dans des circonstances diverses, et plus d'une fois elle fut sur le point de recevoir une solution favorable. Il est curieux d'étudier ce qui a été dit et fait à ce sujet. Parmi les arguments produits, les uns n'ont plus de valeur aujourd'hui parce qu'ils découlaient d'un ordre de choses qui n'existe plus, les autres en grand nombre acquièrent chaque jour plus de force; on pourra s'en convaincre.

Avant 1790, le territoire du diocèse actuel de Cambrai se partageait entre quatre diocèses.

La Flandre maritime, aujourd'hui l'arrondissement de Dunkerque et celui d'Hazebrouck, appartenait au diocèse d'Ypres.

La Flandre française, qui comprenait l'arrondissement de Lille avec une portion des arrondissements de Douai et de Valenciennes, était soumise à la juridiction de l'évêque de Tournai.

L'Ostrevent, petite contrée comprise entre l'Escaut, la Scarpe et la Sensée, appartenait au diocèse d'Arras.

Les arrondissements de Cambrai et d'Avesnes, avec une partie de l'arrondissement de Valenciennes et une portion très-notable de la Belgique, formaient le diocèse de Cambrai [1].

---

[1] Fénelon trouvait que ce diocèse était une lourde charge. « Il observa, dit » madame de Maintenon dans une lettre, qu'il serait utile que les évêchés eussent » *peu d'étendue*, et que si on voulait diviser Cambrai, bien loin de prétendre à » un dédommagement, il donnerait une partie de son revenu. »

La Flandre française relevait donc d'un évêque étranger, situation qui devait présenter de nombreux inconvénients et des complications continuelles dans les affaires administratives. Pour y remédier, l'évêque de Tournai avait le plus souvent à Lille un vicaire-général français pris dans le chapitre de Saint-Pierre, et cette dernière institution, sous bien des rapports, pouvait tenir lieu d'évêché.

En 1686, on construisit à Lille un séminaire d'ordination d'après les prescriptions du concile de Trente. Les principaux frais étaient déjà faits; l'échevinage avait accordé aux professeurs des immunités et des exemptions, lorsque des difficultés qui survinrent le firent transporter à Tournai. Les bâtiments furent vendus aux religieuses du Saint-Esprit. Ils ont été remplacés par la manufacture des tabacs.

En 1782, le projet de l'érection d'un évêché à Lille fut sur le point d'être réalisé. On proposait de donner, à l'instar de ce qu'on avait fait à Pamiers, le caractère d'évêque au prévôt de Saint-Pierre. La lenteur des négociations à ouvrir avec une Puissance étrangère et les embarras politiques de l'intérieur suscitèrent de nombreux obstacles à ce projet que la révolution vint bientôt faire abandonner.

Lors de la restauration du culte en France, le Concordat n'établit d'abord que cinquante siéges épiscopaux, ce qui explique comment le diocèse de Cambrai devint dès lors si important. D'autres évêchés devaient être érigés au fur et à mesure de l'extinction des pensions ecclésiastiques.

En 1801, la population du diocèse de Cambrai était de 765,000 habitants [1].

La loi du 4 juillet 1821, qui autorisait le gouvernement à établir ou ériger trente siéges épiscopaux, produisit une vive sensation à Lille et dans tout le Nord. Malgré le zèle et l'habileté de Monseigneur Belmas, il était évident pour tout le monde que la charge d'un diocèse aussi étendu que celui de Cambrai, composé de populations différentes par les habitudes et par la langue, dépassait les forces d'un seul homme.

En conséquence, à peine la loi eût-elle été votée, qu'une correspondance, dont toutes les pièces n'ont pu être retrouvées, s'établit sur ce point entre le gouvernement et Monseigneur Belmas [2].

Après les premières ouvertures, auxquelles l'évêque de Cambrai, alors en tournée épiscopale, répondit de Saint-Amand, qu'il allait étudier ce projet dans ses détails, le ministre lui adressa la lettre suivante à la date du 1er septembre 1821.

Monseigneur,

« Le Roi me charge de vous informer que dans la négociation ouverte avec le Saint-Père pour régler les

---

[1] Elle est presque doublée aujourd'hui.

[2] Nous devons à l'obligeance de feu M. de Contencin, directeur général des cultes, la communication du dossier concernant le projet d'érection d'un évêché à Lille. Ce dossier est à la chancellerie.

circonscriptions définitives de cinquante siéges déjà existants, et celle des trente nouveaux diocèses que la loi du 4 juillet dernier fournit le moyen d'établir successivement, son intention est de procurer au département du Nord, le plus vaste et le plus peuplé du royaume, la faveur d'un deuxième siége épiscopal *placé à Lille*, en étendant sa juridiction sur les arrondissements *de Lille*, Hazebrouck et Dunkerque.

» Les motifs de bienveillance qui ont déterminé Sa Majesté se fondent aussi sur la convenance de pourvoir plus immédiatement aux besoins spirituels de cette nombreuse population qui, dans le département du Nord, est moins rapprochée de Cambrai.

» Considérant, Monseigneur, votre zèle pour le plus grand bien de la religion, je ne doute pas que vous n'exprimiez au Pape votre consentement à l'érection du siége de Lille, qui *relèverait de Cambrai*, auquel on rendrait son ancien titre *d'archevêché*.

» Il me sera très-agréable de pouvoir rendre compte à Sa Majesté de l'empressement avec lequel vous aurez renouvelé l'exemple de déférence et de noble désintéressement que vous avez déjà donné en 1817, ainsi que tous les évêques titulaires du royaume. »

Dans sa réponse du 13 septembre de la même année, Monseigneur Belmas commence par reconnaître que lorsque Cambrai deviendra un siége métropolitain, il faudra lui donner des suffragants. Abordant ensuite directement la question posée par le ministre, Sa Grandeur déclare qu'elle est prête à renoncer aux arrondissements de Dunkerque et d'Hazebrouck. Quant à l'arrondissement de Lille, si riche, si populeux, et dans lequel l'esprit de foi domine encore, il y aurait des inconvénients à le séparer pour le moment de Cambrai, vu la difficulté de se procurer les ressources suffisantes pour faire face aux frais considérables d'acquisition et d'entretien des séminaires, et aux dépenses d'autres œuvres diocésaines.

Comme on le voit, la question ne se présentait plus que comme une question de finances qui laissait subsister dans toute leur force les nombreux motifs de fractionnement.

Les notables de la ville de Lille adressèrent au gouvernement, au commencement de 1822, un mémoire dans lequel étaient développées les considérations suivantes :

« Le diocèse actuel s'étend sur une ligne de cinquante lieues.

» Il y a trente-trois lieues de Cambrai à Dunkerque.

» La Flandre française comptait autrefois un nombreux clergé; elle possédait à Douai une université florissante; Lille, en particulier, renfermait de nombreux couvents, plusieurs hôpitaux, trois colléges, et l'illustre et antique chapitre de Saint-Pierre, qui comptait soixante-dix chanoines. Elle n'a plus aujourd'hui que six paroisses, avec six églises dont quatre sont assez petites.

» La population est considérablement accrue. (Elle l'est encore depuis.)

» Jadis, le nord de la France formait la principale partie du diocèse de Thérouanne, remplacé par les évêchés de Saint-Omer, Ypres, Boulogne, tous supprimés.

» Le Saint-Siége place les évêchés dans les cités considérables; ainsi Blois, Versailles, Nancy, Moulins, Dijon, etc. Lille est la septième ville de France [1]. Toutes les villes qui la précèdent ont un évêché.

» Le principe d'un seul évêché par département a été abandonné. »

La faveur avec laquelle ce Mémoire fut accueilli à Paris engagea le Conseil municipal, défenseur naturel et toujours fidèle des intérêts de la cité, à émettre un vœu sur cette matière. M. Charvet-Defrenne, l'un de ses membres, nommé rapporteur de la Commission, s'exprimait ainsi dans la séance du 13 mai 1822 :

« .... Vous savez, Messieurs, que, d'après la loi du 4 juillet 1821, trente siéges épiscopaux doivent être successivement rétablis ou érigés dans les villes du royaume, et pour les lieux où ils seront jugés nécessaires au bien de la religion, et cela au fur

---

[1] Elle est aujourd'hui la cinquième ville de France pour la population.

et à mesure de l'extinction des pensions ecclésiastiques.

» Déjà vingt-huit villes se sont empressées de solliciter cette faveur pour elles. Dans ces conjonctures, Lille restera-t-il dans l'inaction, et le Conseil municipal, interprète naturel de ses sentiments, ne fera-t-il pas entendre sa voix? Non, Messieurs, un pareil reproche ne doit pas nous être adressé ; il est de notre devoir, en cette circonstance, de faire valoir les titres qui nous placent en première ligne pour obtenir ces avantages. En effet, Messieurs, Lille, la septième ville de France pour la population, voit les six villes qui la précèdent, comme les cinq qui la suivent, toutes pourvues d'un évêché : elle seule s'en trouve privée.

» Cependant le diocèse de Cambrai se compose de près d'un million d'âmes [1]. Ce nombre paraît devoir s'accroître encore d'une manière prodigieuse, à en juger du moins par notre arrondissement.

» Le diocèse est tout en longueur sur une étendue d'environ cinquante lieues. Comment un seul prélat, malgré tout son zèle et son activité, pourrait-il suffire à tous les soins, à tous les détails que réclament à la fois et l'administration temporelle et la surveillance d'un si vaste et si populeux diocèse ?

» Aussi les contrées septentrionales, beaucoup trop éloignées du foyer de chaleur et de lumière, languis-

[1] Le dernier recensement attribue à Lille 154,749 âmes.

sent en ne voyant apparaître qu'après de longs intervalles le premier pasteur, dont la continuelle résidence dans ces mêmes contrées serait si indispensable et si salutaire . . . .
. . . .

» En possédant un évêque dans nos murs, nous y aurons un surveillant précieux pour nos colléges, nos écoles et nos établissements de charité; une partie de ses revenus sera le patrimoine de nos pauvres; par son autorité et ses exemples, il réchauffera le zèle de son clergé, y fera germer cet esprit de charité qui pousse aux actes de dévouement; la discipline sera surveillée, les études mises en honneur, le clergé grandira en science et en vertu, et les cérémonies du culte, offrant plus de pompe et de majesté, se recommanderont davantage au respect et à la vénération du peuple.

» Au reste, les intérêts privés de nos familles, de nos propriétés, ne réclament-ils pas que la religion acquière dans nos contrées tout son ascendant et toute son influence?

» Négociants, voulons-nous jouir en paix du fruit de nos travaux et de notre industrie? Manufacturiers, voulons-nous que les vastes ateliers qui s'élèvent de toute part ne deviennent pas un jour la proie des incendiaires? Voulons-nous qu'ils soient dirigés par des agents fidèles et incorruptibles? peuplés d'ouvriers sages et soumis? Appelons la religion à notre secours, multiplions ses ministres, afin qu'ils travaillent à civiliser religieusement cette population qui s'accroît, qui arrive en foule des pays voisins sur nos frontières, et qui deviendrait, à la moindre instigation, au moindre mouvement, un foyer de désordre et de révolte. »

Après avoir fait ressortir tous les avantages moraux, tous les bienfaits, tout le lustre que la ville aurait à recueillir de la résidence d'un évêque dans son sein, le rapporteur passe à la considération des intérêts matériels, et il ajoute :

« Administrateurs, enfin, nous ne manquerons pas d'apprécier les avantages matériels qui découlent de l'établissement d'un évêché : augmentation de produits des octrois par la résidence au séminaire d'un grand nombre d'élèves, par celle du nombreux personnel attaché à l'administration de l'évêché, par l'arrivée, le séjour d'une multitude d'étrangers que les offices ecclésiastiques y appelleront, les constructions qui feront vivre nos ouvriers, l'augmentation des propriétés, etc. Je n'ai pas besoin de m'appesantir sur ces détails et beaucoup d'autres qui auront déjà frappé votre esprit. »

. . . .

« Une seule objection pourrait être faite : c'est la crainte d'être entraîné dans des dépenses au-dessus de nos ressources ; mais rassurons-nous à cet égard, les trois quarts et plus de cette dépense sont à la charge de l'Etat et du département, et la faible portion qui concernerait la ville serait couverte par le produit des octrois. Mais, fallût-il des sacrifices, aurions-nous à hésiter, Messieurs, à l'aspect d'aussi grandes convenances; resterions-nous en arrière de beaucoup d'autres villes placées dans des conditions moins avantageuses que la nôtre? ne serions-nous faciles que pour des objets de luxe et de plaisir, et les grands intérêts de la morale, de la religion et des familles, pour le présent et pour un long avenir, nous trouveraient-ils froids et parcimonieux? Non, Messieurs, vous n'encourrez point un pareil reproche, et vos suffrages, que je réclame en cet instant, feront la joie et le bonheur de la plus saine partie de notre population. »

Le Conseil municipal émit à l'unanimité le vœu qu'une demande fût adressée au gouvernement à l'effet de fonder un nouvel évêché dont le siége serait à Lille, et qui comprendrait les arrondissements de Lille, d'Hazebrouck et de Dunkerque.

Cette délibération fut adressée à M. le ministre de l'intérieur le 19 juillet 1822, par M. de Muyssart, maire de Lille.

A la même époque, le 15 mai 1822, une délibération sur le même sujet avait lieu dans le sein du Conseil municipal de Bailleul. Nous la reproduisons textuellement :

« Le Conseil municipal de la ville de Bailleul, assemblé en session ordinaire, informé que le Conseil municipal de la ville de Lille vient d'émettre un vœu pour qu'il plût à Sa Majesté d'ériger en cette dernière ville un siége épiscopal pour la partie septentrionale du diocèse actuel, comprenant les arrondissements de Lille, d'Hazebrouck et de Dunkerque, dont la population est d'environ 450,000 âmes ;

» Considérant que Sa Majesté a daigné manifester l'intention d'établir de nouveaux siéges épiscopaux pour satisfaire aux besoins de ses peuples, et arrêter la dépravation des mœurs qui va croissant par les funestes effets de la révolution qui a laissé presque une génération entière sans instruction religieuse, dépravation qui tend sans cesse à la corruption générale et au renversement de l'ordre social ;

» Que le département du Nord, qui contient environ un million d'âmes et dont la population s'accroît tous les jours par l'augmentation de ses fabriques, est un de ceux où l'établissement d'un nouveau siége épiscopal est le plus nécessaire, d'autant plus que sa grande étendue, tout en longueur, présente les plus grands inconvénients pour les rapports qui existent entre l'évêque et les pasteurs de ces trois arrondissements, notamment ceux d'Hazebrouck et de Dunkerque, qui en sont éloignés de vingt à trente lieues ;

» Que l'érection de ce siége en la ville de Lille aurait

d'ailleurs l'avantage inappréciable de déterminer un plus grand nombre de jeunes étudiants à se destiner à l'état ecclésiastique[1], par la facilité que leur procurerait la proximité d'un séminaire en ladite ville, et que l'on parviendrait par là à éviter ce vide effrayant que l'on a à craindre pour l'avenir, résultant de l'insuffisance du nombre de prêtres nécessaires à l'instruction religieuse d'une si nombreuse population, négligée pendant si longtemps :

» Le Conseil municipal, à l'unanimité, émet le vœu que l'érection d'un siége épiscopal en la ville de Lille, ancienne capitale de la Flandre, puisse avoir lieu, et invite M. le maire à faire parvenir ce vœu aux pieds du trône, en suppliant Sa Majesté de le prendre en considération.

» Fait en séance à Bailleul, le 15 mai 1822. »

M. Van Merris, maire, transmit ce vœu à Paris.

On s'étonnera sans doute qu'après ces manifestations unanimes, avec l'accord du pouvoir civil et du pouvoir ecclésiastique, le projet d'érection d'un évêché à Lille ne fût pas mis immédiatement à exécution. Mais nous l'avons déjà dit, la question était uniquement une question financière. L'évêché de Lille devait nécessairement entraîner la formation d'une nouvelle province ecclésiastique, la province de Paris, dont l'évêché de

---

[1] La pénurie de prêtres se fait de plus en plus sentir dans le diocèse ; nous voyons vaquer des vicariats dans des paroisses très-populeuses.

Cambrai faisait partie depuis le Concordat, étant reconnue comme beaucoup trop vaste. On recula devant les dépenses que l'érection simultanée de l'archevêché de Cambrai et de l'évêché de Lille allaient occasionner. La question fut ajournée, mais non abandonnée.

Depuis, le projet a reçu un commencement d'exécution. En 1842, le siége de Cambrai, érigé en archevêché, reprenait dans la hiérarchie catholique le rang qui lui appartenait sous le glorieux épiscopat des Vanderburck et des Fénelon. Aujourd'hui les circonstances paraissent tout-à-fait favorables pour continuer ce qui a été si heureusement commencé. D'une part, nous voyons le gouvernement, en même temps qu'il favorise le mouvement commercial et industriel, étendre sa sollicitude sur les intérêts religieux et moraux des populations, prendre des mesures efficaces pour les protéger, comme il vient de le faire par la formation d'une province ecclésiastique en Algérie, avec l'érection de deux siéges épiscopaux à Constantine et à Oran, bien que la population civile européenne de toute l'Algérie ne dépasse pas 220,000 habitants. D'autre part, les motifs de l'érection d'un évêché à Lille, exposés plus haut, et qui avant comme après 1830 ont fait impression sur le gouvernement, acquièrent chaque jour une plus grande force. Nous allons le démontrer.

III

Ce qui frappe tout d'abord dans le diocèse de Cambrai, qui comprend le département du Nord en entier, c'est son immense population et la forme singulière de son territoire.

Un peu avant le Concordat, en 1801, le diocèse comptait, d'après le recensement officiel, 765,001 habitants ; en 1825 la population était de 905,764 habitants ; en 1836, de 1,026,417 habitants. Le recensement fait en 1851 a donné 1,158,285 habitants. Celui de 1856, 1,212,353 ; celui de 1861, 1,303,380 habitants. Enfin le dernier recensement de 1866, 1,392,041 habitants. Ainsi l'augmentation des dix dernières années, de 1856 à 1866, qui a été de 179,688 habitants, se trouve être presque égale à l'augmentation des vingt années précédentes de 1836 à 1856, qui fut de 185,837 habitants. Depuis 1866, il n'y a pas de doute que cet accroissement n'ait suivi sa progression ordinaire et que le chiffre de 1,400,000 habitants ne soit actuellement dépassé. Mais cette augmentation de population ne s'est pas répartie d'une manière uniforme sur tous les points du diocèse. Sous ce rapport, l'arrondissement de Lille est dans une position sans analogie en France. Sa population, qui était de 222,988 en 1801, de 261,949 en 1825, de 371,000 en 1851, s'élève successivement à 404,279 en 1856, à 458,242 en 1861, pour atteindre 523,231 en 1866. Ainsi l'augmentation est de 33,279 pour la période de 1851 à 1856, de 53,963 pour celle de 1856 à 1861, et de 64,989 pour celle de 1861 à 1866. En soixante et quelques années l'arrondissement de Lille a gagné plus de 300,000 habitants. Les autres arrondissements ont aussi progressé, bien que dans une proportion incomparablement moins forte. Celui de Dunkerque, qui en 1801 avait 80,242 habitants, en comptait 113,184 en 1866; et celui d'Hazebrouck, de 96,245, était arrivé à 109,036.

Ce chiffre de 1,400,000 n'est-il pas effrayant pour un évêque, quelque zélé, quelque infatigable qu'il soit? Son rôle en effet n'est pas celui d'un simple administrateur; mais il doit maintenir partout la foi, veiller à tous les besoins de son troupeau, prévoir tous les dangers, extirper tous les abus naissants, payer souvent de sa personne dans des cérémonies accablantes, et résoudre mille cas de conscience épineux, obligation délicate qui fait consumer un temps considérable en donnant des audiences et en présidant de longs conseils. S'il est élevé à la dignité de cardinal, de droit il devient sénateur, et il est forcé, pour défendre au sénat les intérêts de la religion et de la société, de s'absenter de son diocèse trois ou quatre mois chaque année. D'ailleurs, d'après un usage constant, les archevêques ne sont pas choisis, en France, parmi les prêtres, comme l'a été Fénelon, mais parmi les évêques en exercice. Or, les évêques sont déjà d'un âge mûr quand ils sont promus. Quelle chance y a-t-il donc de trouver toujours, pour quatorze cent mille âmes, un vieillard d'une santé qui corresponde à une charge aussi écrasante ?

Monseigneur Giraud, à peine archevêque de Cambrai, déclarait comme il le répéta bien des fois depuis, qu'il était disposé à faire le sacrifice de l'arrondissement d'Avesnes pour favoriser le rétablissement du siége antique de Laon, puis des arrondissements de Lille, Hazebrouck et Dunkerque, pour amener l'institution d'un évêque à Lille, disant qu'il lui suffirait d'avoir à sauver trois arrondissements avec des villes de l'importance de Cambrai, Douai, Valenciennes, supérieures à beaucoup de villes épiscopales même de France.

Monseigneur Régnier, notre vénérable archevêque, dans une pieuse et chaleureuse exhortation à Sainte-Catherine au mois de mai 1853, disait, en excitant les habitants de Lille à imiter les grandes villes du diocèse qui avaient une belle église dédiée sous l'invocation de Notre-Dame : « Bâtissez l'église de Notre-Dame de la Treille, ce sera l'église de toute la ville ; Dieu sait ce qu'elle deviendra un jour. » Et une autre fois, à l'occasion de la résidence qu'on proposait d'établir à Lille pour les archevêques de Cambrai si, le premier, il consentait à venir l'occuper plusieurs mois dans l'année, il répondit : « Que l'on établisse toujours cette résidence, ce sera l'embryon d'un évêché. » L'embryon existe aujourd'hui par l'acquisition qui vient d'être faite pour résidence archiépiscopale de l'hôtel de feu M. Brame père, place du Concert, dans le voisinage de l'église de Notre-Dame de la Treille et de Saint-Pierre.

Un seul diocèse a une population supérieure à celui de Cambrai : c'est le diocèse de Paris, qui se trouve tout ramassé et sous bien des rapports dans une position exceptionnelle. Néanmoins, Monseigneur Sibour crut devoir se faire aider par un prélat, son parent. Aujourd'hui Monseigneur Darboy se fait souvent suppléer par Nosseigneurs Buquet et Maret, comme S. E. le cardinal de Lyon par Monseigneur de Charbonnel[1], qui jadis avait porté secours à S. E. le cardinal Morlot, le suppléant dans les ordinations, etc.

Parmi les 84 diocèses de France autres que ceux

---

[1] Des hommes très-graves ont pensé que le diocèse de Paris, à cause de sa population exorbitante et l'obligation pour tout pasteur de chercher à connaître diligemment chaque tête de son troupeau, pourrait finir par être divisé en deux, comme les diocèses de Westminster et de Southwarck le sont par la Tamise. Jadis l'abbé de Saint-Germain des Prés avait juridiction sur la rive gauche de la Seine.

de Paris et de Cambrai, huit n'atteignent pas 200,000 habitants[1], dix-huit restent en dessous de 300,000, vingt-un de 400,000, treize de 500,000, treize de 600,000 habitants. En divisant le diocèse de Cambrai, et en donnant au diocèse de Lille les arrondissements de Dunkerque et d'Hazebrouck, ces deux diocèses auraient, en supposant que la population n'eût pas augmenté depuis deux ans, celui de Cambrai 646,590, et celui de Lille 745,451 habitants, et obtiendraient l'un le sixième rang, l'autre le dixième pour leur population dans toute la France.

Ce motif, déjà si puissant, tiré de l'importance de la population, devient encore plus frappant lorsque l'on considère la forme singulière du territoire qu'elle habite. Le département du Nord n'a qu'une étendue ordinaire, puisqu'il vient le 56e pour la superficie de son territoire ; néanmoins c'est celui qui offre dans le sens de la longueur la distance la plus considérable. Il y a 50 lieues de Dunkerque à Trélon. Cambrai se trouve presque à l'extrémité du diocèse et éloigné de 26 à 30 lieues des arrondissements d'Hazebrouck et

---

[1] Les deux niveaux administratifs sous lesquels passent tous les archevêchés et les évêchés, sans qu'on ait égard au chiffre de la population, occasionnent des résultats bizarres qui, au point de vue de la justice, sont de vraies énormités. Ainsi l'archevêque de Cambrai n'obtient du gouvernement que le concours de *trois* vicaires généraux, tout comme les archevêques d'Aix et d'Alby, qui ont l'un 208,000, l'autre 300,000 diocésains seulement ; l'archevêque de Cambrai, pour ses tournées pastorales au milieu de 637 paroisses et d'une multitude incalculable d'établissements de bienfaisance, ne touche annuellement sur le trésor qu'une indemnité de 1,000 francs, tout comme l'évêque de Marseille, qui n'a que 84 paroisses et réunies dans un même arrondissement.

de Dunkerque ; d'où il suit que les rapports si utiles avec l'autorité diocésaine ont été longtemps difficiles et rares. Depuis quelques années les chemins de fer ont rendu plus aisées les communications. Cette modification, en atténuant certains inconvénients, ne les écarte pourtant pas complètement.

La présence de l'évêque dans les grandes localités ne saurait être trop fréquente. L'influence de son auguste caractère et de ses vertus, sa sagesse et son expérience, produisent immédiatement les plus heureux résultats. Ne pouvons-nous pas constater, pour notre ville en particulier, que toutes les fois que nos premiers pasteurs ont séjourné quelque temps parmi nous, le mouvement religieux a été plus prononcé, un élan plus ferme ayant été imprimé à toutes les œuvres catholiques ?

Cette population immense et éloignée du centre de l'autorité épiscopale n'est pas homogène. Les habitants du nord du diocèse diffèrent complètement des autres par le caractère, les habitudes et la langue.

Ajoutons, pour compléter cet exposé, que le diocèse actuel renferme 641 paroisses, 1185 prêtres, 463 congrégations et communautés religieuses, 15 établissements ecclésiastiques pour l'éducation de la jeunesse, des œuvres de toute nature que l'évêque tient à connaître à fond et qu'il doit, autant que possible, animer de sa vie.

Ce qui vient d'être dit de la situation générale du

diocèse dispense des commentaires. Ces chiffres parlent assez haut et justifient par eux-mêmes les espérances de notre grande cité. Disons un mot des intérêts de la ville de Lille sur cette question.

Lille, ville de premier ordre, centre du mouvement industriel le plus important qu'il y ait en France, est aussi remarquable par la générosité de ses habitants et leur esprit religieux que par son commerce et ses richesses. On l'appelle au loin la ville des bonnes œuvres, et c'est justice, car nulle part les œuvres de charité ne sont plus florissantes ; toutes ces œuvres, qui ont porté si loin sa réputation, sont dues à la générosité, au dévouement privés. Les diverses administrations et le gouvernement l'ont dotée avec magnificence de plusieurs établissements d'une grande utilité ; mais sous le rapport du culte, en dehors de l'initiative des particuliers, rien d'important n'a encore été fait en sa faveur. Lille ne possède pour une population de 154,749 habitants que douze églises paroissiales, dont aucune n'est véritablement remarquable. Plusieurs paroisses ont une population considérable ; celle de Saint-Pierre Saint-Paul compte plus de 40,000 habitants. Notre ville se trouve déchue sous ce rapport, et en quelque sorte doublement déshéritée et des avantages qui lui étaient anciennement acquis et des compensations auxquelles elle pouvait prétendre légitimement.

Dans toute la catholicité, si l'on excepte Bruxelles

et Madrid [1], c'est la seule ville de cette importance qui ne soit pas le siége d'un évêché. En France, non-seulement les villes qui la précèdent, mais encore celles qui la suivent immédiatement jouissent de cet avantage. Privée à la fois de cour d'appel et d'académie, Lille n'a dû être et n'a été considérée que comme ville manufacturière. Depuis quelques années, de nobles efforts ont été tentés pour y développer la vie intellectuelle. La Faculté des sciences, l'Ecole de médecine et l'Ecole professionnelle, habilement dirigées, portent déjà leurs fruits. Le véritable complément de ces institutions serait l'érection d'un évêché. Il en résulterait les plus grands avantages pour tout le pays et pour Lille en particulier, tant dans l'ordre spirituel que dans l'ordre purement matériel.

Dans l'ordre spirituel, l'arrondissement de Lille, qui seul formerait un diocèse important, a été le théâtre d'un mouvement religieux très prononcé, ainsi qu'on peut s'en convaincre, en considérant le nombre considérable des églises paroissiales, des succursales, des chapelles construites, des maisons religieuses établies depuis vingt cinq ans. Il faut en rendre grâces à Dieu, mais pourtant ne pas se faire illusion. Ce même arrondissement, qui offre tant de ressources pour le bien, renferme aussi des éléments de dissolution et de mal.

[1] Le Saint-Père vient de donner l'évêque de Constance *in partibus* pour coadjuteur au nouvel archevêque de Malines. — Le coadjuteur de Lausanne, Monseigneur Mermillod, réside à Genève, où sa présence sert très-efficacement les intérêts de la foi et de la piété, qui progressent sensiblement.

La classe intelligente et aisée, dans les villes qui sont toutes manufacturières [1], est adonnée presque exclusivement au commerce et à l'industrie, dont les chances diverses, les difficultés rendues plus grandes par la concurrence, captivant son attention, excitant son activité, tiennent son esprit dans un état perpétuel de perplexité. Le spectacle assez fréquent de grandes fortunes acquises en peu de temps, quoique d'une manière très-honorable, excite au plus haut degré le désir d'acquérir vite et beaucoup. Un luxe parfois exagéré développe l'amour excessif des jouissances et vient contraster avec les privations de tout genre que les classes inférieures ont à supporter, même dans les temps les plus favorables.

Que dire des ouvriers de fabrique? Ils couvrent nos villes et presque toutes nos campagnes. Leur nombre augmente chaque jour; l'immigration belge prend de plus vastes proportions, et, dans certaines localités, la langue flamande est autant parlée que la nôtre. Si le travail de ces masses de travailleurs rend plus fécondes les sources de la richesse publique, leur agglomération toujours croissante sur un territoire resserré présente de graves inconvénients. Leur condition matérielle et morale s'est-elle améliorée? ou bien ne nous offriront-ils pas, dans un avenir peut-être peu éloigné, lors d'une

---

[1] Monseigneur Manning, dans son prochain voyage à Rome, espère en rapporter une bulle qui érige deux nouveaux évêchés en Angleterre, dont un dans une ville toute de manufactures.

grande crise commerciale, le tableau désolant du paupérisme, cette plaie sociale qui n'est pas la pauvreté et qui défie tous les efforts de la charité elle-même ?

On peut, en quelque sorte, appliquer aux ouvriers de l'arrondissement, et principalement à ceux de Roubaix et de Tourcoing, ce qui a été dit des ouvriers de Lille. Une statistique récente et officielle, basée sur des chiffres reconnus vrais, a démontré que nulle part la misère n'était plus grande ni plus générale que dans Lille.

Ce tableau n'a rien d'outré, chacun peut s'en convaincre. Aussi notre pieux archevêque, Monseigneur Régnier, s'écriait-il douloureusement, il y a peu de temps, qu'il ne pouvait arrêter sa pensée sur la condition des ouvriers de Lille et des environs sans éprouver au cœur une impression poignante de tristesse ; et un célèbre orateur ne craignait pas de dire franchement du haut de la chaire qu'il tremblait en songeant à ce que serait ce pays dans un demi-siècle, si l'on ne se hâtait d'apporter des remèdes sérieux à la misère, à la haine de celui qui n'a pas contre celui qui a, à l'ignorance en matière de religion, à la démoralisation générale.

Ce remède, quel est-il ? Il est surtout dans l'action religieuse. Le mouvement industriel étant donné avec ses avantages et ses dangers, il ne s'agit pas de le comprimer, de l'étouffer ; mais il faut le diriger, tirer parti des avantages, prévenir les dangers ou du moins en affaiblir la portée. Déjà la religion, en multipliant ses moyens d'action, a produit d'heureux résultats dans l'arrondissement. Cela ne suffit pas. Il n'y aura de garantie sérieuse et assurée que lorsqu'elle agira d'une manière directe et continuelle sur les populations, par le ministère de l'évêque, son représentant le plus auguste ici-bas.

A Lille, la présence de l'évêque donnerait aux cérémonies du culte dans la cathédrale cet éclat religieux et cette majesté sainte qui parlent si efficacement aux âmes et que notre population goûte singulièrement [1].

Outre le chapitre, deux grands établissements, les séminaires, augmenteraient le nombre des foyers d'étude et de science, encore trop rares dans le pays.

Au point de vue matériel, s'il est permis d'y revenir, l'accroissement de population, le mouvement de personnes qu'occasionneraient les retraites ecclésiastiques, les ordinations, les affaires quotidiennes, contribueraient à augmenter le revenu municipal.

Cette dernière considération a sa valeur ; elle montre que les dépenses, de la ville ne seraient pas improductives.

Ainsi, à quelque point de vue que l'on se place, l'utilité, la nécessité même d'un évêché nous paraît démontrée.

---

[1] Dans toutes les cérémonies religieuses auxquelles peut être invité ou doit assister un maréchal de France, on désire la présence d'un évêque qui préside. Lyon, Bordeaux, Toulouse, Tours et Nancy ont cet avantage.

IV

Nous sommes pleins de confiance dans la force et la justesse de nos raisonnements, aussi nous ne craignons pas d'exposer les diverses objections qui peuvent être faites contre le projet d'érection d'un évêché à Lille. Il est facile d'y répondre.

Avant toute autre se présente la question des dépenses. Si l'on reconnaît à la nouvelle institution des caractères d'utilité incontestable et même de nécessité, la question d'argent devient secondaire, à moins qu'il ne s'agisse de dépenses exorbitantes, inabordables. Or nous n'en sommes pas là. Déjà il n'est plus besoin de songer à l'acquisition d'un palais épiscopal ; restent à fonder deux séminaires et à pourvoir au traitement de l'évêque, de deux vicaires-généraux et d'un chapitre de neuf vénérables prêtres seulement. Sans doute, mieux vaut que les séminaires soient organisés dès le commencement, mais cela n'est pas rigoureusement nécessaire. A Laval, Monseigneur Wicart a commencé par recruter son clergé dans le séminaire du

Mans, qui provisoirement était commun aux deux diocèses.

Le gouvernement paraît favorablement disposé. La plus grande partie des dépenses serait à la charge de l'Etat [1]. Le département du Nord est riche, et l'on peut espérer que le conseil général prêterait son concours à une œuvre dont il saurait apprécier la haute portée comme la raison d'être. A partir de 1868, le fonds commun des départements n'existe plus. Le département du Nord, depuis longtemps, versait chaque année à ce fonds commun environ 360,000 francs, tandis qu'il n'en retirait qu'une somme approximative de 50,000.

On pourrait profiter de cet accroissement de ressources départementales, et peut-être que le bénéfice d'une seule année suffirait pour faire face aux frais d'érection.

La charité privée, qui, chaque jour, se montre si active parmi nous, se manifesterait à l'instant. Les familles rivaliseraient pour aider à l'entretien des séminaires; déjà même plusieurs sont disposées à fonder

---

[1] *Décret* du 30 septembre 1807, portant établissement de bourses et demi bourses dans les séminaires diocésains :

Napoléon etc., voulant faire prospérer l'établissement des séminaires diocésains, etc.

ART. I. Il sera entretenu à nos frais, dans chaque séminaire diocésain, un nombre de bourses et demi bourses, etc.

Ordonnance du 5 juin 1816. Louis etc.

ART. I. Il sera créé dans les séminaires mille bourses nouvelles, etc. Le montant de ces bourses et la dépense de la réparation ou de l'augmentation des batiments ou des mobiliers seront pris sur, etc.

des bourses en faveur de ces établissements, comme plusieurs familles lilloises en ont fondées au séminaire de Cambrai.

Le prétendu inconvénient qui résulterait d'une complication de rapports entre le pouvoir civil et le pouvoir ecclésiastique n'est pas sérieux. Depuis longtemps, le principe d'un évêché par département a été abandonné. Voici la situation de la France à cet égard :

La circonscription de 74 départements coïncide avec celle du diocèse.

Deux départements se divisent en deux diocèses : le département des Bouches-du-Rhône, qui comprend les diocèses de Marseille et d'Aix, et le département de la Marne, dont une partie appartient au diocèse de Reims, et dont l'autre partie forme le diocèse de Châlons-sur-Marne.

Le département de la Savoie comprend trois diocèses, ceux de Chambéry, de saint-Jean-de-Maurienne et de Tarentaise.

Douze départements sont placés dans une condition inverse, c'est-à-dire qu'un seul siége épiscopal existe pour deux départements. Le Rhône et la Loire forment le diocèse de Lyon; le Cher et l'Indre, celui de Bourges; le Doubs et la Haute-Saône, celui de Besançon; la Creuse et la Haute-Vienne, celui de Limoges; les Deux-Sèvres et la Vienne, celui de Poitiers; le Haut-Rhin et le Bas-Rhin, celui de Strasbourg.

La division proposée n'aurait donc rien d'anormal.

Le diocèse d'Arras, très populeux, puisqu'il a 700,000 habitants, renferme deux anciennes villes épiscopales, Boulogne et Saint-Omer, qui, à plusieurs reprises, la première surtout, ont manifesté un vif désir de recouvrer leur ancien rang. Nous n'avons pas à apprécier les raisons émises à l'appui de leur demande; mais comme, entre autres plans, il a été proposé de faire entrer dans le diocèse de Saint-Omer les arrondissements de Dunkerque et d'Hazebrouck, nous devons signaler les inconvénients de cette combinaison.

Les arrondissements de Dunkerque et d'Hazebrouck n'ont jamais appartenu au diocèse de Saint-Omer. Les habitants du Pas-de-Calais et ceux de cette partie du Nord n'ont ni le même caractère ni la même langue, tandis qu'il y a de nombreux rapports entre l'arrondissement de Lille et ceux de Dunkerque et d'Hazebrouck. Une telle mesure préjudicierait gravement aux intérêts de Lille et de son arrondissement en ne donnant pas satisfaction à leurs besoins sous le rapport spirituel, et serait d'ailleurs la cause d'une difficulté insurmontable. En effet, le nombre des familles ouvrières ne parlant que flamand est déjà très-sensible dans l'arrondissement, et il tend à s'accroître de plus en plus, au point qu'il importe beaucoup qu'une partie notable de notre clergé parle cette langue, qui ne peut être apprise dans un âge avancé, et que ne parle pas la classe dans laquelle se recrute le clergé indigène de notre arrondissement; de telle sorte que n'ayant plus les contrées de

Dunkerque et d'Hazebrouck, l'archevêque de Cambrai serait dans l'impossibilité de se procurer des prêtres flamands pour Lille et les environs.

En outre, ce système laisserait au diocèse de Cambrai une population de 1,169,821 habitants. L'arrondissement dont le développement est le plus actif ferait toujours partie de ce même diocèse qui, dans quelques années, atteindrait le chiffre de 1,300,000 habitants.

Nous ne dirons rien des autres combinaisons ; elles ne paraissent pas en état de soutenir un examen sérieux.

On se rappelle le principal inconvénient que Monseigneur Belmas trouvait à la division projetée de son temps : la difficulté de se procurer des ressources suffisantes en argent. Cette raison, grave alors, n'a plus aujourd'hui à beaucoup près la même force. En effet, à cette époque les humanistes et les théologiens étaient entassés dans un même séminaire ; mais avant la mort de Monseigneur Belmas, on put acquérir, par les dons du diocèse, un grand séminaire très-vaste, distinct du petit, et Monseigneur Giraud dota ces deux établissements d'une maison de campagne, reconnue indispensable à la santé des étudiants ecclésiastiques. Le fractionnement du diocèse diminuerait les dépenses nécessaires de chaque côté pour l'entretien des œuvres diocésaines. D'autre part, l'esprit catholique n'a pas produit de grandes choses seulement dans l'arrondissement de Lille, le mouvement religieux s'est propagé ailleurs et surtout dans les arrondissements de Douai et de Valenciennes ; les aumônes de toute nature sont devenues partout plus abondantes. Ajoutons que les paroisses sont généralement desservies par un clergé jeune et actif, aidé par des congrégations religieuses et des établissements ecclésiastiques répartis dans les principales localités du diocèse.

Les considérations qui précèdent sont de nature à raffermir les espérances. La question, telle qu'elle vient d'être exposée, sera comprise de tous ; et, par un examen plus approfondi, se formeront sûrement les convictions qui assurent le succès. Si, dans une matière aussi importante, la solution doit se faire attendre, nous avons la confiance au moins que, lorsque les circonstances le permettront, la ville de Lille verra l'accomplissement d'un désir légitime et tout à l'heure séculaire.

www.ingramcontent.com/pod-product-compliance
Lightning Source LLC
Chambersburg PA
CBHW061007050426
42453CB00009B/1300